BEI GRIN MACHT SICH IHR WISSEN BEZAHLT

- Wir veröffentlichen Ihre Hausarbeit, Bachelor- und Masterarbeit

- Ihr eigenes eBook und Buch - weltweit in allen wichtigen Shops

- Verdienen Sie an jedem Verkauf

Jetzt bei www.GRIN.com hochladen und kostenlos publizieren

Operationalisierung interne Kommunikation, Mann-Whitney U-Test und SPSS. Interne- und externe Kommunikation im Betrieb

Anna-Maria Burchard

Bibliografische Information der Deutschen Nationalbibliothek:

Die Deutsche Nationalbibliothek verzeichnet diese Publikation in der Deutschen Nationalbibliografie; detaillierte bibliografische Daten sind im Internet über http://dnb.d-nb.de abrufbar.

ISBN: 9783346514042
Dieses Buch ist auch als E-Book erhältlich.

© GRIN Publishing GmbH
Nymphenburger Straße 86
80636 München

Druck und Bindung: Books on Demand GmbH, Norderstedt Germany
Gedruckt auf säurefreiem Papier aus verantwortungsvollen Quellen

Das vorliegende Werk wurde sorgfältig erarbeitet. Dennoch übernehmen Autoren und Verlag für die Richtigkeit von Angaben, Hinweisen, Links und Ratschlägen sowie eventuelle Druckfehler keine Haftung.

Das Buch bei GRIN: https://www.grin.com/document/1042032

Wissenschaftliches Arbeiten

Vertiefung II

Einsendeaufgabe

Alternative A

SRH Fernhochschule Riedlingen

Inhalt

Abkürzungsverzeichnis

Aufl.	Auflage
bspw.	beispielsweise
bzgl.	bezüglich
bzw.	beziehungsweise
d. h.	das heißt
Ebd.	Ebenda
et. al.	et alii
i. K.	interne Kommunikation
f.	folgende Seite
ff.	folgende Seiten
S.	Seiten
u. a.	unter anderem
usw.	und so weiter
Vgl.	Vergleiche
z. B.	zum Beispiel

Abbildungsverzeichnis

Tabellenverzeichnis

1. Operationalisierung des Konstrukts Interne Kommunikation

Die interne Kommunikation in Unternehmen wird laut Quirke (2000) als „the core process by which business can create (…) value" bezeichnet, was bedeutet, dass sich gerade die interne Kommunikation (i. K.) zu einem wesentlichen Wettbewerbsvorteil ausbauen lässt.[1] Da die Mitglieder eines Unternehmens unentwegt miteinander kommunizieren, gestalten sie dadurch gleichzeitig die Form des Unternehmens.[2] Eine Verbesserung der Mitarbeiterkommunikation kann somit die Produktivität eines Unternehmens optimieren, weswegen es von großem Interesse ist, die i. K., als einzig bewusste Kommunikationsform an die Mitglieder optimal zu gestalten, um deren Wertbeitrag zu steuern und zu erhöhen.[3]

Der Begriff Kommunikation wird als wechselseitig stattfindender Prozess beschrieben, der die Vermittlung von Bedeutung zwischen den Kommunizierenden beinhaltet und als Verständigungsprozess voraussetzt, dass die Intention der Beteiligten auf der Vermittlung von Inhalten und deren Austausch liegt.[4] Im betrieblichen Kontext wird i. K. daher in interne und externe Kommunikation unterteilt werden. Zusätzlich wird die interne Kommunikation in bewusst gestaltbare und unbewusste Kommunikationsprozesse differenziert.[5]

Um nun das Konstrukt der i. K. zu operationalisieren, muss diese messbar gemacht werden. Das bedeutet, dass mit den Methoden der empirischen Sozialforschung qualitative oder quantitative Verfahren angewendet werden, um das Konstrukt beispielsweise mithilfe von Interviews, schriftlicher Befragung oder Beobachtung zu operationalisieren.[6] Im Rahmen der Aufgabenstellung soll die quantitative Methode genutzt und ein standardisierter Fragebogen erstellt werden.

---

[1] Vgl. Hubbard (2004), S. 20.
[2] Vgl. Buchholz/Knorre (2019), S. 7.
[3] Vgl. Hubbard (2004), S. 20.
[4] Vgl. Burkart (2002), S. 32f.
[5] Vgl. Klein/Ringlstetter/Oelert (2001), S. 160.
[6] Vgl. Döring/Bortz (2016), S. 15.

1.1 Forschungsprozess

Im Rahmen der empirischen Sozialforschung steht die systematische Erfassung und Deutung sozialer Tatbestände im Mittelpunkt.[7] Das bedeutet, dass die empirische Sozialforschung auf Erfahrungen beruht und durch Beobachtung bestimmter Ausschnitte der sozialen Welt zur Weiterentwicklung von Theorien beiträgt. Die quantitative Forschung wird als Prozess verstanden, der sich in 9 Phasen einteilen lässt und sequenziell abgearbeitet wird, was bedeutet, dass das Datenerhebungsinstrument (z. B. der Fragebogen) und der vorhandene Datensatz bzw. die verwendete Stichprobe nicht mehr verändert bzw. keine weiteren Datenerhebungen vorgenommen werden.[8] Das Ziel der quantitativen Sozialforschung ist, unterschiedliche Sachverhalte in Form von Zahlen zu beschreiben, die zuvor auf möglichst breiter Basis gesammelt wurden.[9]

1	Forschungsthema - Konkretisierung eines relevanten Forschungsproblems - Formulierung der Forschungshypothesen
2	Forschungsstand und theoretischer Hintergrund - Studie muss an bisherigen Forschungsstand anknüpfen und einen theoretischen Rahmen vorgeben
3	Untersuchungsdesign - Je nach Inhalt muss die Studie unterschiedlich angelegt sein - Erkenntnisinteresse muss typisiert werden (hypothesengenerierende/gegenstandserkundende Studie, populationsbeschreibende Studie, hypothesenprüfende Studie)
4	Operationalisierung - relevante Merkmale zur Hypothesenprüfung müssen präzise definiert und in Dimensionen entfaltet werden - Art der Messung muss festgelegt werden
5	Stichprobenziehung - Art der Erhebung (Vollerhebung, Stichprobenerhebung)

---

[7] Vgl. Atteslander (2003), S.3.
[8] Vgl. Döring/Bortz (2016), S. 23ff.
[9] Vgl. Gläser/Laudel (2006), S. 24.

4

6	Datenerhebung - Datenerhebungsmethode wird ausgewählt (strukturierte Beobachtung, strukturierte mündliche Befragung, sturkturierte schriftliche Befragung, psychologischer Test, physiologische Messung, quantitative Dokumentenanalyse bzw. Inhaltsanalyse) - Datenerhebungsmethode wird entwickelt.
7	Datenaufbereitung - erhobenes Rohmaterial wird vor der Datenanalyse aufbereitet
8	Datenanalyse - quantitative Datenanalyse mittels SPSS
9	Ergebnispräsentation - Ergebnisse der Studie werden präsentiert

Tabelle 1: Die 9 Phasen des quantitativen Forschungsprozesses (Eigene Darstellung).[10]

Somit bilden die Festlegung des Forschungsthemas mit den dazugehörigen Hypothesen bzw. Forschungsfragen, der Definition der Grundgesamtheit, das Forschungsdesign, das Festsetzen der Messinstrumente sowie die Art der Untersuchungs- und Auswertungsmethode die Grundlagen für die Aussagekraft der Ergebnisse innerhalb der sozialwissenschaftlichen Untersuchungen bezüglich der fiktiven Firma Herzstück.

1.1 Problemstellung

Das Unternehmen Herzstück besitzt 10 Standorte in Europa und beschäftigt 8.000 Mitarbeiter. Neben 7 Standorten in Deutschland befinden sich die weiteren Standorte in Österreich, Belgien und den Niederlanden. Aufgrund der vorherrschenden Pandemie wurde die klassische Firmenkommunikation vor einem Jahr auf eine rein digitale Kommunikation umgestellt. Trotz der innerbetrieblichen Vielzahl an technischen Möglichkeiten gab es durch die Umstellung Unstimmigkeiten bezüglich der Informationsweitergabe und es entstanden weitreichende Kommunikationslücken. Als Ziel gilt es, mittels eines schriftlichen Fragebogens sämtliche Mitarbeiter des Unternehmens zu befragen, um Verbesserungsmaßnahmen zu eruieren und eventuelle Problematiken zu erkennen sowie den Informationsfluss wieder herzustellen.

---

[10] Vgl. Döring/Bortz (2016), S. 24f.

1.2 Fragebogenkonstruktion

Da es sich innerhalb dieser Forschungsarbeit um ein quantitatives Vorgehen handelt, wird ein vollstandardisierter Fragebogen erstellt. Dies bedeutet, dass jeder Teilnehmer den gleichen Fragebogen erhält, was eine vollständige Übereinstimmung der adressierten Fragen ermöglicht und die Auswertung bzw. Aufbereitung der Ergebnisse vereinfacht.[11] Als Befragungstechnik ist diese Methode in der Lage, Aspekte des subjektiven Erlebens und Verhaltens zu erfassen, die nicht direkt beobachtbar sind, und dient als effiziente sowie gleichzeitig auch anonyme Befragung.[12]

Das angestrebte Untersuchungsziel liegt somit in der Hypothesentestung und Beschreibung der Sachverhalte. Um dieses Ziel zu erreichen, steht zu Beginn die genaue Definition der Zielsetzung bzw. der expliziten Fragestellung. Ebenso liegt neben den grundlegenden wissenschaftlichen Gütekriterien (Objektivität, Reliabilität und Validität) die besondere Herausforderung innerhalb der Konzeption darin, dass der Fragebogen möglichst selbsterklärend für alle Teilnehmer gestaltet sein muss. Zu den grobstrukturellen Bestandteilen des Fragebogens zählen sechs Elemente: der Titel, die Instruktion, die inhaltlichen Fragenblöcke, die statistischen Informationen, das Feedback sowie eine Verabschiedung mit Danksagung. Die zusätzliche Möglichkeit Anmerkungen zu verfassen, kann bereits in der Frühphase die Funktionalität des Fragebogens kontrollieren.[13] Hierbei stellen vor allem die inhaltlichen Fragenblöcke das Zentrum des Instruments dar, da sich hier die Items (Einzelitem oder psychometrische Skala) befinden, mit denen die interessierenden Variablen operationalisiert werden.[14]

1.2.1 Auswahl der Fragen und Reihenfolge

Sind Zielsetzung und Grobstruktur festgelegt, kann die Feinstrukturierung vorgenommen werden. Hierzu gehören die Art der Items und Antwortformate, die Reihenfolge der Items, die Filterführung, Design und Layout sowie die Anpassung an den jeweiligen Distributionsweg.[15]

Innerhalb der Konstruktion eines Fragebogens können die Fragen (Items) in Form von Aussagen oder Fragen sowohl positiv als auch negativ formuliert sein. Die jeweiligen Antwortoptionen werden entweder als geschlossene oder offene Antworten ausgearbeitet oder in verschiedenen Skalen (bipolar, Likert-Skalen) abgebildet.[16] Den ersten Fragen („Einleitungsfragen") kommt eine besondere Bedeutung zu, da sich an ihnen das Engagement des Befragten entscheidet. Insofern sollten diese interessant und leicht zu beantworten sei, um eventuelle Ängste des Befragten zu mindern. Gleichzeitig ist darauf zu achten, dass zu jedem Themenbereich mehrerer Fragen gestellt werden (Konzept der multiplen Indikatoren),

---

[11] Vgl. Engelschalk/Daumiller/Reindl/Dresel (2019), S.539f.
[12] Vgl. Döring/Bortz (2016), S. 398.
[13] Vgl. Thielsch/Weltzin (2009), S. 115.
[14] Vgl. Döring/Bortz (2016), S. 407.
[15] Vgl. Döring/Bortz (2016), S. 409.
[16] Vgl. Porst (2014), S. 21ff.

denselben Ansatz des Themas behandelnde Fragen nacheinander abgefragt werden (Fragenkomplexe) und neue Fragen mit sog. Überleitungsfragen eingeleitet werden. Sensible Fragen werden generell gegen Ende des Fragebogens gesetzt.[17] Um im gewählten Beispiel der Firma Herzstück das Konstrukt interne Kommunikation zu operationalisieren, wird eine einfache Sender-Empfängermatrix berücksichtigt und eine Differenzierung der Zielgruppen vorgenommen. Eine erste Unterscheidung zwischen Management und Mitarbeiter stellt die Top-down-Orientierung dar und ergibt vier Kommunikationsfelder der i. K.[18]

Empfänger Sender	Management	Mitarbeiter
Management	Managementkommunikation	Weiterkommunikation
Mitarbeiter	Rückkopplung	bereichsübergreifende Kommunikation

Abbildung 1: Kommunikationsmatrix (Eigene Darstellung).[19]
Anhand dieser Grundlage können Themenblöcke des Fragebogens in verschiedene Dimensionen unterteilt werden. Im statistischen Themenblock werden neben allgemeinen soziodemografischen Merkmalen (Geschlecht, Alter, Bildung, Tätigkeit etc.) auch themenspezifische Hintergrundvariablen abgefragt.

Der erste Themenblock behandelt die Dimension Management zu Mitarbeiter und wird in folgende Kategorien eingeteilt:
• Informationsweitergabe an alle Mitarbeiter
Informationsweitergabe an einzelne Mitarbeiter

Der zweite Themenblock umfasst die Dimension Mitarbeiter zu Management und wird in die nachfolgenden Kategorien aufgeteilt:
Institutionalisierter Austausch
Eigeninitialisiertes Feedback

---

[17] Vgl. Häder/Häder (2019), S. 337.
[18] Vgl. Klein/Ringelstetter/Oelert (2001), S. 3f.
[19] Vgl. Klein/Ringelstetter/Oelert (2001), S. 4.

Der dritte Themenblock beinhaltet die bereichsübergreifende Kommunikation und wird wie folgt aufgeschlüsselt:

mit Aufgabenbezug

mit mittelbarem Aufgabenbezug

Abschließend werden die Teilnehmer über ein offenes Antwortfeld um Feedback gebeten und der Fragebogen mit einer Verabschiedung sowie einer Danksagung abgeschlossen.[20]

1.3 Weitere Vorgehensweise der empirischen Untersuchung

Des Weiteren sollte der konstruierte Fragebogen in der letzten Stufe der Fragebogen-Überprüfung einem quantitativen Fragebogen-Pretest unterzogen werden, um ihn gegebenenfalls zu überarbeiten bzw. zu verbessern. Hierbei füllt den Fragebogen eine kleine Teilmenge der Zielpopulation (20 Mitarbeiter der Firma Herzstück), die später nicht an der offiziellen Untersuchung teilnimmt, unter realen Bedingungen aus, um die dadurch gesammelten Daten elektronisch zu erfassen, aufzubereiten und statistisch auszuwerten. Dies gewährleistet einen fehlerfreien Ablauf der Datenerhebung sowie eine hohe Datenqualität.[21] Die Mitarbeiterbefragung wurde im Zeitraum von 8 Wochen zwischen Oktober und Dezember 2020 durchgeführt, um den Mitarbeitern ausreichend Zeit zur Beantwortung des Fragebogens einzuräumen. Der Fragebogen wurde via Link per E-Mail an die 8.000 Mitarbeiter der Firma Herzstück versendet und bereits in der Beschreibung des Betreffs darauf geachtet, dass das Interesse der Mitarbeiter geweckt wird.

2. Online-Mitarbeiterbefragung bei der Firma ECO-Group

Für das international tätige Unternehmen mit 30 nationalen und 12 internationalen Niederlassungen sowie 15.000 Mitarbeitern soll eine Mitarbeiterbefragung (MAB) konzipiert werden. Die ECO-Group hat sich neben dem öffentlichen ökologisch-orientierten Firmenauftritt sowie der Produktion von klima-neutralen Artikeln zum Ziel gesetzt, auch innerhalb der Unternehmensstruktur eine umweltbewusste Firmenpolitik zu betreiben und die Reduktion von auf dem täglichen Arbeitsweg entstehenden CO_2 durch vermehrte Home-Office Angebote zu reduzieren.

Hinsichtlich des Designs der MAB fällt die Wahl auf eine Klimabefragung mit Rückspiegelung, die die Zufriedenheit der Mitarbeiter und das Betriebsklima misst, um die Ergebnisse dann in „Survey Feedback"-Veranstaltungen mit dem Ziel geeigneter Verbesserungsmaßnahmen zu diskutieren.[22] Der Fokus der MAB wird auf die Zufriedenheit der Mitarbeiter mit der neu integrierten Home-Office-Option gelegt. Ziel ist, Vor- und Nachteile zu ermitteln, um Verbesserungsmöglichkeiten in der Umsetzung einer klima- und mitarbeiterfreundlichen, internen sowie externen Firmenstruktur aufzudecken.

---

[20] Vgl. Döring/Bortz (2016), S. 406.
[21] Vgl. Dörin/Bortz (2016), S. 411.
[22] Vgl. Borg (2019), S. 919.

Generell kann aufgrund der überschaubaren und gut erreichbaren Population innerhalb des Unternehmens eine Vollerhebung durchgeführt werden. Hierbei ist festzuhalten, dass eine Vollerhebung die Möglichkeit bietet, alle Auswertungsmöglichkeiten zu nutzen, weswegen sie als Mittel der ersten Wahl entspricht und im Vergleich zu Stichproben als repräsentativer gilt.[23] Für die Vollerhebung müssen die Namen der Befragten sowie aller Netzwerkpartner vor der Datenerhebung bekannt sein. Für eine Nutzung der Zufallsstichprobe hingegen reichen die Namen der Befragten aus.[24]

Die Erhebungstechniken sind eng mit deren Rekrutierungsmethoden verknüpft, welche in zwei Arten der Rekrutierung unterschieden werden.

Die aktive Rekrutierung versucht bspw. das Interesse der Teilnehmer durch aussagekräftige Einladungstexte (z. B. im Betreff der E-Mail) zu wecken oder mithilfe der Snowball-Technique über die bereits angeschriebenen Personen eine Weiterleitung des Einladungslinks zu erwirken, während über Feld-Institute mithilfe von Online-Panels bereitwillige Teilnehmer rekrutiert werden können.

Bei der passiven Auswahl kann die Veröffentlichung des Einladungstexts zusammen mit dem Einladungs-Link bspw. auf einer Internetseite geeignete Probanden rekrutieren. Ebenso kann durch das Verteilen von Handzetteln bzw. Flyern oder auch in Form von Aushängen rekrutiert werden. Somit besitzt die passive Rekrutierung neben dem persönlichen Antrieb des Probanden den Vorteil, dass diese mit der aktiven Rekrutierung kombiniert werden kann.[25]

Aufgrund der innerhalb der Firma Eco-Grouder vollständig vorliegenden E-Mail-Listen wird eine aktive Rekrutierung über das Intranet des Unternehmens genutzt und der Kauf von Online-Paneels entfällt. Auch wenn eine Kombination aus unterschiedlichen Datenerhebungsmethoden ertragreichere Ergebnisse verspricht, wird die MAB aus Kostengründen mit einem qualitativen FB, anonym und freiwillig, durchgeführt.[26]

Obwohl schriftliche FB die einfachste Form der Datenerhebung sind und den Vorteil haben, dass mündliche Instruktionen inklusive Rückfragen vor Ort stattfinden können, gewinnen Online-Umfragen immer mehr an Bedeutung. Als kostengünstige Variante entfallen hier Kosten für den Druck der FB, das Porto für die Rücksendung und auch der Mehraufwand der postalischen Versendung.[27] Weitere ökonomische Vorteile stellt neben der Kostenersparnis die immense Zeitersparnis dar. Umfragen-Server können die Verwaltung der Teilnehmer erleichtern und die Antworten nach Konsistenzprüfung aufzeichnen.[28] Dies hat zur Folge, dass bspw. manuelle Dateneingabefehler oder menschliche Verzerrungseffekte vermieden werden und somit eine hohe Objektivität gewährleistet wird.[29] Ebenso wird bei Online-Befragten die Rate der sozial-erwünschten Antworten minimiert, was folglich zu einer

---

[23] Vgl. Bauer (2019), S. 1287.
[24] Vgl. Bauer (2019), S. 1290.
[25] Vgl. Thielsch/Weltzin (2009), S. 116.
[26] Vgl. Hollstein (2019), S. 1309.
[27] Vgl. Kuckartz/Ebert/Rädiker/Stefer (2009), S.11.
[28] Vgl. Thielsch/Weltzin (2009), S. 70 & Vgl. Döring/Bortz (2016), S. 414.
[29] Vgl. Thielsch/Weltzin (2009), S. 70.

geringeren Verzerrung der Ergebnisse führt. Gleichzeitig bietet die Online-Umfrage den Vorteil, dass diese ortsunabhängig stattfinden kann, womit neben der Erreichung von schwer zugängliche Zielgruppen auch die Größe der Fallzahlen maximal realisiert werden kann und somit gemischte Gruppen gewährleistet werden.[30] Als ebenso großer Vorteil der Online-Befragungen gegenüber Papier-Fragebögen kann der Zugriff auf Medien wie Bild-, Audio- oder Videomaterial genannt werden. Werden offene Fragen gestellt, ist die Variante der Online-Befragung von Vorteil, da in Papier-FB handschriftlich unleserliche Antworten nicht gewertet werden können.

Somit wird die MAB als Online-Fragebogen durchgeführt und so konstruiert, dass die wichtigsten Themen hinreichend präzise und valide in einem Zeitfenster von maximal 30 Minuten erhoben werden können.[31] Nach 10 Tagen werden alle Mitarbeiter mit einer freundlichen Erinnerungsmail an die Teilnahme erinnert, um den Rücklauf zu erhöhen. Ebenso wird zur Steigerung der Teilnehmerbereitschaft jedem Ausfüller des Fragebogens die Zusendung des Ergebnisberichts als Dankeschön für die Teilnahme versprochen.

Da für Online-Befragungen datenschutzrechtliche Bestimmungen gelten, sollte aus Gründen der Vertrauensbildung nicht nur sensibel mit den Daten der Teilnehmer umgegangen werden, sondern gleichzeitig über einen sicheren Umgang mit persönlichen Informationen innerhalb der MAB kommuniziert werden. Eine absolute Anonymität muss jedoch ausgeschlossen werden, um Mehrfachteilnahmen zu verhindern. Hierbei wird darauf geachtet, dass Adressdaten von den restlichen Angaben getrennt abgespeichert werden und nur über eine Identifikationsnummer Verbindungen hergestellt werden können. Generell werden sämtliche Adressdaten, sofern die Teilnehmer dies nicht ausdrücklich anders erklärt haben, nach Erfüllung des Forschungszweckes gelöscht.[32]

3. Einsatzgebiete des U-Tests

In der statistischen Methodenlehre wird der sogenannte Mann-Whitney-U-Test bzw. Wilcoxon-Rangnummern-Test als nicht-parametrischer Zwei-Stichproben-Test verwendet. Es müssen also keine Parameter (Mittelwert, Varianz) geschätzt werden, um diesen Test durchzuführen, sondern auf einem vorgegebenen Signifikanzniveau α geprüft, ob zwei realisierte Zufallsstichproben aus zwei disjunkten statistischen Grundgesamtheiten mit identischen Verteilungen stammen, um daraus Rangplatznummern zu ermitteln.[33] Generell sollte der Mann-Whitney U-Test nur dann angewandt werden, wenn zwei unabhängige Zufallsstichproben bzw. Gruppen aus nicht normal verheilten Grundgesamtheiten stammen und die Stichproben nicht zu groß sind.[34]

---

[30] Vgl. Döring/Bortz (2016), S. 415f. & Thielsch/Weltzin (2009), S. 70.
[31] Vgl. Borg (2019), S. 921.
[32] Vgl. Wagner-Schelewsky/Hering (2019), S. 796.
[33] Vgl. Eckstein (2016), S. 133 & Janssen/Laatz (2017), S. 652.
[34] Vgl. Eckstein (2016), S. 133.

Als allgemeine Einsatzgebiete des U-Test können Unterschiede zwischen zwei Testgruppen genannt werden, wie bspw.:[35]
- geschlechtsspezifische Unterschiede zwischen Mann und Frau
- Notenunterschiede zwischen Mädchen und Jungen
- Arbeitszufriedenheit zwischen Auszubildenden und Ausbildern

Besondere Empfehlungen für den Einsatz dieses Verfahrens sind zweifelhafte Intervallskalenniveaus, nicht vorliegende Normalverteilung oder eine verletzte Varianzhomogenität (sowie weitere Verletzungen der Annahmevoraussetzungen).

3.1 Statistische Grundlagen des U-Tests

Um Aussagen über bestimmte Zusammenhänge aus einer Grundgesamtheit zu schließen, werden mithilfe des nicht-parametrischen U-Tests gruppenspezifische Unterschiede ordinalskalierter Ungleichheitsmerkmale ermittelt. Die Anwendung des U-Tests ist primär dann gegeben, wenn der Mittelwert nicht zur Bestimmung der zentralen Tendenz verwendet werden kann oder das Merkmal X in beiden Subpopulationen nicht normalverteilt ist bzw. die Stichprobe allgemein zu klein ist, um den t-Test anzuwenden. Als Grundvoraussetzung muss es sich bei dem Merkmal X um ein stetiges Merkmal handeln, das in beiden Populationen dieselbe Verteilungsform aufweist. Ebenso sollte die unabhängige Variable kategorial bzw. nominalskaliert mit zwei verschiedenen Ausprägungen sein, während die abhängige Variable mindestens ordinalskaliert sein muss. Diese Einteilung kann auf natürliche Weise zustande gekommen sein (z. B. bei Geschlecht) oder künstlich (z. B. die Einteilung in verschiedene Altersgruppen). Voraussetzung ist allerdings, dass die Gruppen voneinander unabhängig sind. Ordinalskalierte Variablen sind bspw. Einstellungswerte, die den Grad der Zufriedenheit oder des Vertrauens darstellen, und Einstellungsbewertungen.[36]
Die Signifikanzprüfung des U-Tests erfolgt unter Annahme der Nullhypothese. Sie proklamiert keinen bedeutsamen Unterschied in den Rangplatzüber- und Rangplatzunterschreitungen der beiden Gruppen.[37]

Die Nullhypothese (Ho) und die Alternativhypothese (HA) besagen:
HO: Die Wahrscheinlichkeit einer Beobachtung aus den beiden Verteilungen ist für jede der beiden Verteilungen gleich (anders ausgedrückt: die Verteilungen sind gleich).
H1: Die Wahrscheinlichkeit einer Beobachtung aus den beiden Verteilungen ist für jede der beiden Verteilungen nicht gleich (anders ausgedrückt: die Verteilungen sind nicht gleich).

Da der Mann-Whitney-U-Test auf der Berechnung der mittleren Ränge beider Gruppen basiert, könnte man die Null- und Alternativhypothesen auch wie folgt ausdrücken:
HO: Die mittleren Ränge beider Gruppen sind gleich (keine Effekte).

---

[35] Vgl. Janssen/Laatz (2017), S. 652f.
[36] Vgl. Eid/Gollwitzer/Schmitt (2017), S. 343ff.
[37] Vgl. Rasch/Friese/Hofmann/Naumann (2014), S. 98.

H1: Die mittleren Ränge beider Gruppen sind nicht gleich (Effekte).
Der statistische Hypothesentest wird wie folgt bearbeitet:
Hypothesenformulierung (siehe oben HO und HA)
Festlegung des Signifikanzniveaus
Festlegung der Teststatistik
Bestimmung des kritischen Bereichs (Grundlage für Ablehnung der Nullhypothese)
Berechnung des Wertes der Teststatistik aus einer Stichprobe
Ablehnung oder Nicht-Ablehnung der Nullhypothese.[38]

3.2 Berechnung des U-Wertes und Ermittlung der Signifikanz

Für die Berechnung des U-Wertes sowie die Ermittlung der Signifikanz wird der bereitge-
stellte Datensatz who_qlq_bref.sav verwendet. Hierbei soll untersucht werden, ob es geschlechterspezifische Unterschiede zwischen den zwei Gruppen Männern und Frauen (No-
minalskalierte, unabhängige Variable, UV) hinsichtlich der Akzeptanz des eigenen Aussehens (Ordinalskalierte, abhängige Variable, AV) ermittelt werden können.

Die Hypothesen lauten:
HO: Es gibt keinen Unterschied in der zentralen Tendenz zwischen Männern und Frauen
hinsichtlich der Akzeptanz des eigenen Aussehens.
H1: Es gibt einen Unterschied in der zentralen Tendenz zwischen Männern und Frauen
hinsichtlich der Akzeptanz des eigenen Aussehens.

---

[38] Vgl. Budischewski/Ornau/Tausch (2019), S. 54.

3.3 Durchführung, Ergebnisse und Interpretation eines U-Tests

Analysieren	Grafik	Extras	Erweiterungen	Fenster	Hilfe

Poweranalyse				M SPSS Statistics Dateneditor			
Berichte							
Deskriptive Statistiken							
Mittelwerte vergleichen							
Allgemeines lineares Modell				staxi06	staxi07	staxi08	staxi09	staxi10	staxi11	stax
Korrelation				1	2	1	2	1	2	
Regression				3	2	1	2	2	2	
Klassifizieren				1	2	1	1	1	2	
Dimensionsreduktion				1	1	1	1	1	2	
Skala							1	1	1	
Nicht parametrische Tests				Eine Stichprobe...			1	1	1	
Vorhersage				Unabhängige Stichproben...			1	1	1	
Mehrfachantworten				Verbundene Stichproben...						
Simulation...				Klassische Dialogfelder			Chi-Quadrat...			
Qualitätskontrolle							Binomial...			
Räumliche und temporale Modellierung...				2	1	0	Sequenzen...			
				1	1	1	K-S bei einer Stichprobe...			
1	1	1	1	1	1	1	2 unabhängige Stichproben...			
3	1	1	2	1	1	1	K unabhängige Stichproben...			
1	1	1	2	1	1	1	Zwei verbundene Stichproben...			
1	2	1	1	1	1	2	1	K verbundene Stichproben...		

Zur Durchführung des Mann-Whitney-U-Tests mittels SSPS wird folgende Befehlsreihenfolge gewählt: <Analysieren> <Nichtparametrische Tests> <Klassische Dialogfelder> <Zwei unabhängige Stichproben>. Anschließend öffnet sich die entsprechende Dialogbox.
Abbildung 2: Aufruf des Analysefensters (Eigene Darstellung).
Als Testvariable wird auf der Registerkarte <Variablen> „who11" („Können Sie ihr Aussehen akzeptieren?") ausgewählt, da untersucht werden soll, ob bei der Akzeptanz des eigenen Aussehens geschlechterspezifische Unterschiede zwischen Frauen und Männern vorhanden sind.
Abbildung 3: Testvariable (Eigene Darstellung).

Als Gruppenvariable wird jene Variable eingetragen, in welcher die Gruppenkodierungen stehen, das bedeutet, dass das „Geschlecht" ausgewählt wird.

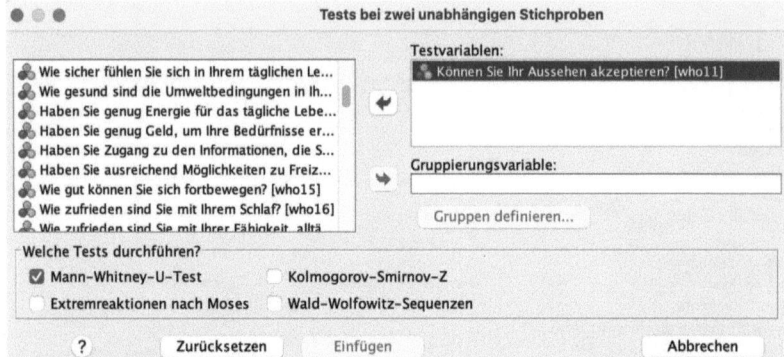

Anschließend werden beide Gruppen in einem separaten Fenster wie folgt definiert: <Gruppen def.> und mit <Weiter> und <OK> bestätigt. Durch das folgende Klicken auf <Ausführen> wird die Berechnung gestartet.

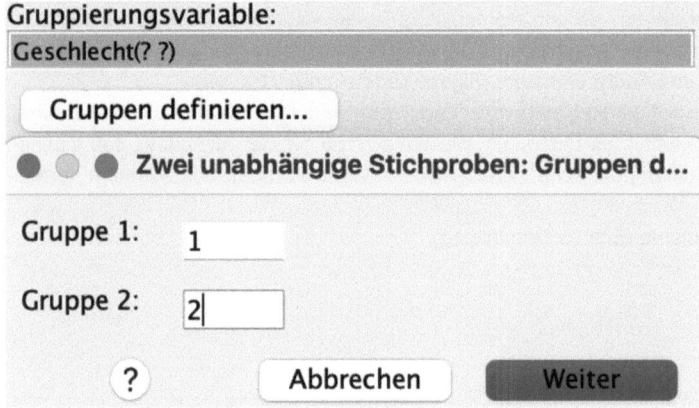

Abbildung 4: Zwei Gruppen werden definiert. (Eigene Darstellung).

Die Abbildung 5 zeigt die Ereignisausgabe. Wie in der Tabelle (Ränge) ersichtlich ist, werden 158 Fälle einbezogen, wovon 62 Personen weiblich und 96 Personen männlich sind. In der Tabelle wird in der obersten Zeile der Prüfwert und in der untersten Zeile die dazugehörige statistische Bedeutsamkeit (Signifikanz) angezeigt.

→ Nichtparametrische Tests

[DataSet1] /Users/annaburchard/Desktop/who_qlq_bref.sav

Mann-Whitney-Test

Ränge

	Geschlecht	N	Mittlerer Rang	Rangsumme
Können Sie Ihr Aussehen akzeptieren?	weiblich	62	76,13	4720,00
	männlich	96	81,68	7841,00
	Gesamt	158		

Teststatistiken[a]

	Können Sie Ihr Aussehen akzeptieren?
Mann-Whitney-U-Test	2767,000
Wilcoxon-W	4720,000
Z	-,822
Asymp. Sig. (2-seitig)	,411

a. Gruppenvariable: Geschlecht

Abbildung 5: SSPS-Ausgabe, Mann-Whitney-U-Test (Eigene Darstellung).

Da der p-Wert („Asymptotische Signifikanz") mit .411 deutlich größer ist als das übliche Signifikanzniveau von .05, muss die Alternativhypothese abgelehnt und die Nullhypothese angenommen werden. Der p-Wert sagt uns in diesem Fall, dass die Wahrscheinlichkeit, dass wir fälschlicherweise die H1 annehmen, obwohl H0 zutrifft, immerhin bei 41% liegt und damit deutlich über den üblicherweise tolerierten 5%. Somit liegen keine signifikanten geschlechterspezifischen Unterschiede bei der Beurteilung der Lebensqualität auf der Basis der Frage 11 des WHO-Fragebogens vor.[39]

Die Ergebnisse würden im Forschungsbericht wie folgt dargestellt werden:

„Mit Hilfe des U-Tests wurde die Hypothese überprüft, dass die Akzeptanz des eigenen Aussehens auf Basis der elften Frage im WHO-Fragebogen (WHO11) zwischen Männern und Frauen unterschiedlich ausfällt. Der Test ergab ein Mann-Whitney-U von 2767 (p = .411). Die Alternativhypothese muss somit abgelehnt und die Nullhypothese beibehalten werden. Männer und Frauen un- terscheiden sich nicht in der Beurteilung der Lebensqualität auf Basis der Frage WHO11."

---

[39] Vgl. Budischewski/Ornau/Tausch (2019), S. 66.

4. Fazit

Anhand der Ergebnisse aus dem SPSS-Analyseprogramm konnten mithilfe des Mann-Whit-ney-U-Tests keine signifikanten Unterschiede bezüglich der Akzeptanz des eigenen Ausse-hens zwischen Frauen und Männern festgestellt werden. Zusammenfassend kann der U-Test als parametrischer Signifikanztest zur Prüfung der Unterschiede der zentralen Ten-denz zweier Messungen einer ordinalskalierten Variablen (Ordinalskala) in einer abhängige Stichprobe genutzt werden. Der eindeutige Vorteil diese Verfahrens ist, dass es ohne ma-thematische Annahmen über die Verteilung des untersuchten Merkmals genutzt werden kann, was es universell einsetzbar macht.

Fragebogen
für die Mitarbeiter der Firma Herzstück

Sehr geehrte Damen und Herren der Firma Herzstück,

zur Verbesserung der „Internen Kommunikation" soll diese auf den Prüfstand gestellt werden.
Dazu benötigen wir ihr Feedback.
Bitte teilen Sie uns ehrlich mit, inwieweit Sie über interne Abläufe und Prozesse informiert werden.

Die Bearbeitung des Fragebogens erfordert ca. 30 Minuten Ihrer Zeit.

Der Aufbau des Fragebogens ist in drei Themenblöcke unterteilt, die sich wie folgt zusammensetzen:
    - Kommunikation Management zu Mitarbeiter
    - Kommunikation Mitarbeiter zu Mitarbeiter
- Bereichsübergreifende Kommunikation

Selbstverständlich werden alle Antworten gemäß der Datenschutzverordnung (DSGVO) streng vertraulich behandelt, nach Auswertung anonymisiert abgespeichert und in Form eines Forschungsberichts veröffentlicht. Hierbei sind keine Rückschlüsse auf Ihre Person möglich

Bei eventuellen Unklarheiten oder Rückfragen können Sie gerne per E-Mail Kontakt aufnehmen: interne.kommunikation@konzeptualisierung.de

Wir bedanken uns für Ihre Teilnahme und freuen uns über Feedback!

Hinweise zum Ausfüllen des Fragebogens:
Bitte beantworten Sie die Fragen in vorgegebener Reihenfolge
Kreuzen Sie bitte nur eine Antwortalternative an (außer Mehrfachnennung)
Trifft keine der vorgegebenen Antworten auf Sie zu, kreuzen Sie bitte „Sonstige" an

Statistischer Teil
Geben Sie ihr Geschlecht an:

- ○ Männlich
- ○ Weiblich
- ○ Divers

2. Wie alt sind Sie?
- ○ ≤ 20 Jahre
- ○ 21-30 Jahre
- ○ 31-40 Jahre
- ○ 41-50 Jahre
- ○ > 60 Jahre

3. Seit wann sind Sie bei der Firma Herzstück tätig?
- ○ ≤ 2 Jahre
- ○ 2-5 Jahre
- ○ 5-9 Jahre
- ○ > 10 Jahre

4. Wie zufrieden sind Sie mit der Kommunikation innerhalb des Unternehmens?
- ○ sehr zufrieden
- ○ zufrieden
- ○ unentschieden
- ○ eher nicht zufrieden
- ○ eher unzufrieden

Teil 1: Kommunikation Management zu Mitarbeiter

1.1 Wie zufrieden sind Sie mit der Kommunikation der Geschäftsleitung Ihres Unternehmens?
- ○ sehr zufrieden
- ○ zufrieden
- ○ unentschieden
- ○ eher nicht zufrieden
- ○ eher unzufrieden

Art der weitergegebenen Informationen
1.2 In welcher Form werden Informationen durch die Geschäftsleitung an die Mitarbeiter weitergegeben?
- ○ offizielle Beschlüsse
- ○ Ergebnisprotokolle
- ○ Sonstige:_____

1.3 Wo werden die unter 1.2 genannten Dokumente für gewöhnlich abgelegt? (Mehrfachnennung möglich)
- ○ Auf dem Laufwerk in einem offiziellem Bereich

- Auf dem Laufwerk in den Dokumenten einzelner Personen
- Share-Point in einem offiziellem Bereich
- Share-Point in den Dokumenten einzelner Personen
- One-Note
- Teams
- E-Mail
- Sonstige:_____

1.4 Wie lange dauert es für gewöhnlich bis Sie Ergebnisprotokolle erhalten?
- Direkt
- nach ca. 1-2 Tagen
- nach ca. 1 Woche
- nach ca. 2-4 Wochen
- länger als ein Monat

Informationsweitergabe an alle Mitarbeiter

1.5 Wie zufrieden sind Sie mit der Weitergabe der Informationen durch die Geschäftsleitung?
- sehr zufrieden
- zufrieden
- unentschieden
- eher nicht zufrieden
- eher unzufrieden

1.6 Wie häufig werden Neuigkeiten/ Veränderungen von der Geschäftsleitung an alle Mitarbeiter weitergegeben?
- täglich
- wöchentlich
- monatlich
- jährlich
- nie

1.7 Wie werden Informationen an alle Mitarbeiter weitergeleitet?
- mündliche Besprechung
- Intranet
- Interne Zeitung
- Newsletter per E-Mail
- Sonstige:_____

1.8 Welche Kommunikationsmethode bevorzugen Sie persönlich?
- mündliche Besprechung
- Intranet
- Interne Zeitung

o Newsletter per E-Mail
o Sonstige:_____

Informationsweitergabe an einzelne Mitarbeiter
1.9 Wie häufig erhalten Sie Informationen von der Geschäftsleitung, die nur an Sie gerichtet sind?
o täglich
o wöchentlich
o monatlich
o jährlich
o nie

1.10 Wie werden diese Informationen an Sie weitergeleitet?
o Persönliches Gespräch
o E-Mail
o Rundschreiben über spezifische Verteiler
o Sonstige:_____

1.11 Welche Kommunikationsmethode bevorzugen Sie persönlich?
o Persönliches Gespräch
o E-Mail
o Rundschreiben über spezifische Verteiler
o Sonstige:_____

Teil 2: Kommunikation Mitarbeiter zu Management
2.1 Wie beurteilen Sie die Möglichkeit, persönlichen mit der Geschäftsführung in Kontakt zu treten?
o sehr gut
o gut
o unentschieden
o eher schlecht
o sehr schlecht

Institutionalisierter Austausch
2.2 Wie häufig ist die Geschäftsleitung bei betrieblichen Veranstaltungen anwesend?
o immer

o häufig
o selten
o nie

2.3 Wie häufig führt die Geschäftsleitung Umfragen unter den Mitarbeitern durch?
o Einmal in der Woche
o Einmal im Monat
o Mehrmals im Jahr
o jährlich

2.4 In welcher Form werden diese Umfragen der Geschäftsleitung durchgeführt?
o Mündlich
o schriftlich in Papierform
o schriftlich per E-Mail
o via Intranet
o via Internet

2.5 Welche dieser Feedback-Kanäle haben Sie schon einmal genutzt, um der Geschäftsleitung Feedback zu geben? (Mehrfachnennung möglich)
o Intranet
o telefonisch
o E-Mail
o schriftliche Papierform

2.6 Wie häufig geben Sie der Geschäftsleitung Feedback über o. g. Feedback-Kanäle?
o Einmal in der Woche
o Einmal im Monat
o Mehrmals im Jahr
o jährlich

Eigeninitialisiertes Feedback
2.7 An wen wenden Sie sich, wenn Sie Feedback in Form von Kritik, Verbesserungsvorschlägen oder sonstigen Rückmeldungen äußern möchten?
o An die Geschäftsleitung
o An den direkten Vorgesetzten
o Sonstige:_____

2.8 Wie geben Sie Feedback in Form von Kritik, Verbesserungsvorschlägen oder sonstige Rückmeldungen weiter? (Mehrfachnennung möglich)
o telefonisch
o persönlich

o schriftlich in Papierform

o schriftlich per E-Mail

o Sonstige:_____

2.9 Wie häufig nehmen Sie an betrieblichen Veranstaltungen teil?

o immer

o häufig

o selten

o nie

Teil 3: Bereichsübergreifende Kommunikation

3.1 Wie zufrieden sind Sie mit der bereichsübergreifenden Kommunikation innerhalb Ihres Unternehmens?

o sehr zufrieden

o zufrieden

o unentschieden

o eher nicht zufrieden

o eher unzufrieden

Kommunikation mit Aufgabenbezug

3.2 Wie häufig finden für Ihre Funktion bereichsübergreifende Gespräche statt?

o Einmal täglich

o Einmal wöchentlich

o Einmal monatlich

o Einmal jährlich

o nie

3.3 Welche Möglichkeiten haben Sie, arbeitsrelevante Inhalte zwischen den unterschiedlichen Bereichen zu teilen? (Mehrfachnennung möglich)

o SharePoint

o Datenbank

o Informationsmanagement

o Meetings

o Besprechungen

o Sonstige:_____

3.4 Welche der in Punkt 3.3 genannten Möglichkeiten der bereichsübergreifenden Kommunikation wenden Sie persönlich am häufigsten an?

o Datenbank

- Informationsmanagement
- Meetings
- Besprechungen
- Sonstige:_____

Kommunikation mit mittelbarem Aufgabenbezug

3.5 Sind Sie im Unternehmen mit der Weitergabe von Informationen, welche keinen direkten Aufgabenbezug beinhalten, zufrieden?

- sehr zufrieden
- zufrieden
- unentschieden
- eher nicht zufrieden
- eher unzufrieden

3.6 Wie häufig tauschen Sie sich mit Personen aus anderen Bereichen des Unternehmens bezüglich Ideen und Erfahrungen aus?

- Einmal täglich
- Einmal wöchentlich
- Einmal monatlich
- Einmal jährlich
- nie

3.7 Wo tauschen Sie sich mit Personen aus anderen Bereichen des Unternehmens bezüglich Ideen und Erfahrungen aus?

- Kaffee-Ecke
- telefonisch
- Open-Space-Meetings
- Sonstige:_____

Vielen Dank für Ihre Teilnahme!

Atteslander, P. (2003), Methoden der empirischen Sozialforschung (10.Aufl.), Berlin.

Bauer, N. (2019), Quantitative Netzwerkdaten. In: Baur, N., Blasius, J. (Hrsg.) Handbuch Methoden der empirischen Sozialforschung (2.Aufl.), Wiesbaden.

Borg, I. (2019), Mitarbeiterbefragung. In: Baur, N., Blasius, J. (Hrsg.) Handbuch Methoden der empirischen Sozialforschung (2.Aufl.), Wiesbaden.
Buchholz, U., Knorre, S. (2019), Interne Kommunikation und Unternehmensführung - Theorie und Praxis eines kommunikationszentrierten Managements, Wiesbaden.

Budischewski, K., Ornau, F., Tausch, A. (2019), SPSS. Studienbrief der SRH Fernhochschule - The Mobile University (3. Aufl.), Riedlingen.

Burkart, R. (2002), Kommunikationswissenschaft. Grundlagen und Problemfelder, Wien.

Döring, N., Bortz, J. (2016), Forschungsmethoden und Evaluation in den Sozial- und Humanwissenschaften, Heidelberg.

Eckstein, P. P. (2016), Angewandte Statistik mit SPSS. Praktische Einführung für Wissenschaftler, Wiesbaden.

Eid, M., Gollwitzer, M., Schmitt, M. (2017), Statistik und Forschungsmethoden (5.Aufl.), Weinheim, Basel.

Engelschalk, T., Daumiller, M., Reindl, M., Dresel, M. (2019), Forschungsmethoden. In: Urhahne, D., Dresel, M., Fischer, F. (Hrsg.), Psychologie für den Lehrberuf, Heidelberg.
Gläser, J., Laudel, G. (2006), Experteninterviews und qualitative Inhaltsanalyse (2.Aufl.), Wiesbaden.

Häder, M., Häder, S. (2019), Stichprobenziehung in der quantitativen Forschung. In: Baur, N., Blasius, J. (Hrsg.) Handbuch Methoden der empirischen Sozialforschung (2.Aufl.), Wiesbaden.

Hollstein, B. (2019), Qualtitative Netzwerkdaten. In: Baur, N., Blasius, J. (Hrsg.) Handbuch Methoden der empirischen Sozialforschung (2.Aufl.), Wiesbaden.

Hubbard, M. (2004), Markenführung von innen nach außen, Wiesbaden.

Janssen, J., Laatz, W. (2017), Statistische Datenanalyse mit SPSS (9.Aufl.), Berlin.

Klein, J., Ringlstetter, M., Oelert, J. (2001): Interne Kommunikation,

In: Brauner, D. J., Leitolf, J., Raible-Besten, R., Weigert, M. M. (Hrsg), Lexikon für Presse und Öffentlichkeitsarbeit, München.

Kuckartz, U., Ebert, T. Rädiker, S., Stefer, C. (2009), Evaluation online. Internetgestützte Befragung in der Praxis, Wiesbaden.

Porst, R. (2014), Fragebogen - ein Arbeitsbuch. Studienskripten zur Soziologie (4.Aufl.), Heidelberg.

Rasch, B., Friese, M., Hofmann, W., Naumann, E. (2014), Verfahren für Rangdaten. In: Rasch, B., Friese, M., Hofmann, W., Naumann, E. (Hrsg.) Quantitative Methoden 2, Heidelberg.

Reinhard, R., Ornau, F. (2016), Grundlagen der empirischen Sozialforschung. Studienbrief SRH Fernhochschule, Riedlingen

Thielsch, M. T., Weltzin, S. (2009), Online-Befragung in der Praxis. In Thielsch, M. T. (Hrsg.), Praxis der Wirtschaftspsychologie, Münster.

Wagner-Schelewsky, P., Hering, L. (2019), Online-Befragen. In: Baur, N., Blasius, J. (Hrsg.) Handbuch Methoden der empirischen Sozialforschung (2.Aufl.), Wiesbaden.